www.ingramcontent.com/pod-product-compliance
Lightning Source LLC
Chambersburg PA
CBHW040758240426
43673CB00014B/376
9781990286087

قَرْيَةُ فَصَاحَةَ

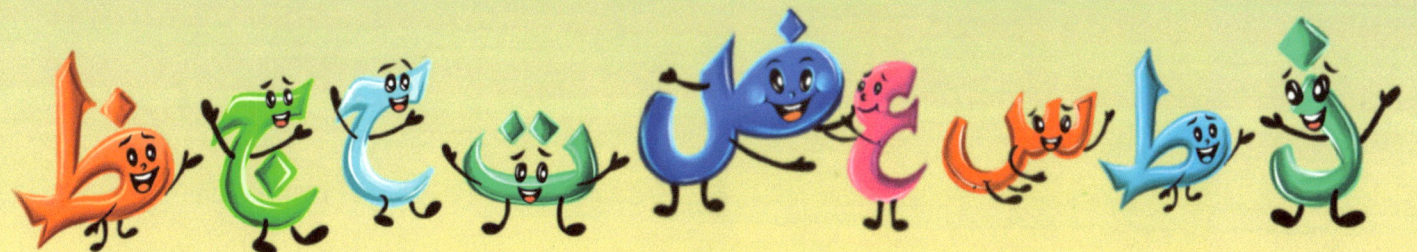

قَرْيَةُ فَصَاحَة

التأليف والإخراج العامّ: ألحان رحيمي

الرسوم: كُسِنْيا بافسكا Kseniia Pavska

التدقيق اللّغوي النهائي: محمود سلام أبو مالك

تنسيق النصّ: مريم جورجولياني Mariam Jorjoliani

الترقيم الدّولي: ISBN: 978-1-990286-08-7

جميع الحقوق محفوظة © لألحان رحيمي 2021

hello@alhanrahimi.com

يمنع إعادة إصدار أو نشر أو نقل أو نسخ أي جزء من هذا الكتاب بأي شكل وبأيّة وسيلة إلّا بإذن خطي مسبق من المؤلِّفة.

قَرْيَـــةُ فَصَــاحَة

قصّة: ألحان رحيمي

رسوم: كْسِنْيا بافسكا

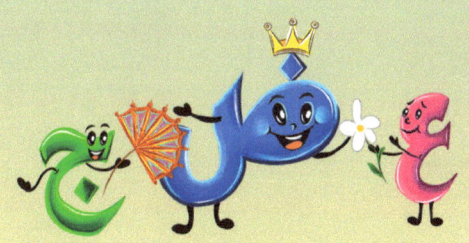

في قَرْيَةٍ بَدِيعَةٍ تُدْعَى فَصاحَةَ، عاشَ الضَّادُ مَعَ أَهْلِهِ الحُروفِ.

كانَ مُمَـيَّـزًا بَيْنَ إخْوَتِـهِ، فَلَم يَجِدُوا لَهُ نِدًّا في أَيِّ مَـكانٍ. لِذا، تَـمَيَّزَ أَيْضًا حُبُّهُمْ إِيَّاهُ، فَحَرَصُوا على تَعْرِيفِ النَّاسِ بِهُ، وَعلى رَفْعِ شَأْنِهِ في القَرْيَةِ.

تَـفَاخَرُوا بِهِ، وَأَسْعَدُوهُ، وَلَمْ يَرْفُضُوا لَهُ طَلَبًا، فَهُوَ وَحْدَهُ المُدَلَّلُ.

شَعَرَ الضَّادُ بالأَمانِ والاطْمِئْنانِ إزاءَ هَذا الاهْتِمامِ وَهَذِهِ الرِّعايَةِ، فَلَمْ يَـقْلَقْ مِن شَيءٍ قَطُّ، وَضَمِنَ مُسْتَـقْبَلَهُ المُشْرِقَ بَيْنَ أَهْلِهِ الذينَ لا هَمَّ لَهُمْ غَيْرَهُ.

حَتَّى حَلَّتْ تِلْكَ اللَّيْلَةُ...

في إحْدى اللَّيالي الغائِمَةِ، بَعْدَ أنْ أخْلَدَ الجَميعُ إلى فِراشِهِمْ، وَغَطُّوا في نَوْمِهِمُ العَميقِ، هَبَّ إعْصارٌ مُخيفٌ على قَرْيَةِ فَصاحةَ. هَزيزُ الرِّيحِ الهَوْجاءِ ووَقْعُ المَطَرِ الشَّديدِ أيْقَظَا الجَميعَ فِي ذُعْرٍ. نَاداهُمُ العَيْنُ المَعْروفُ بِحِكْمَتِهِ لِلاجْتِماعِ.

ألقى نَظْرةً مِنَ النَّافِذَةِ مُتَأمِّلًا السَّماءَ المُتَقَلِّبَةَ، وَمَسَحَ دَمْعَتينِ هَرَبَتَا مِنْ عَيْنَيهِ، ثُمَّ التَفَتَ إلى أهْلِهِ بِصَمْتٍ. كَسَرَ هَذا الصَّمْتَ صَوْتُ الرَّعْدِ المُدَوِّي الذي أخافَ أفْرادَ العَائِلةِ، فَهَرَبَ بَعْضُهُمْ إلى أَسِرَّتِهِمْ وَاخْتَبَأَ الآخَرُونَ تَحْتَ الطَّاوِلَةِ. اشْتَدَّتِ الرِّيحُ، فَعَلَا صُراخُ الجَميعِ، وَفَجْأةً سَقَطَ البَيتُ على رَأْسِ أهْلِهِ، فكُبِتَ الصُّراخُ، وَاسْتَمَرَّ الإعْصارُ يَومًا كامِلًا.

بَعْدَ مُدَّةٍ لا يَعْلَمُ مَداها أحَدٌ، فَتَحَ الضَّادُ عَيْنَيهِ بِصُعوبَةٍ بالِغَةٍ، ثُمَّ كَحَّ بِقُوَّةٍ بِسَبَبِ الغُبارِ الذي مَلأ حَلْقَهُ. حاوَلَ الوُقُوفَ، لَكِنَّهُ وَجَدَ نَفْسَهُ تَحْتَ الأنْقاضِ. لِحُسْنِ الحَظِّ، كانَ جُزْءٌ مِمّا سَقَطَ فَوْقَ رَأسِهِ إحْدى النَّوافِذِ، لذا اسْتَطاعَ رُؤْيَةَ شَيءٍ مِمّا حَولَهُ، كالسَّماءِ الصّافِيَةِ، والشَّمْسِ المُشْرِقَةِ. بِصُعوبَةٍ بالِغَةٍ، رَأى أثاثَ البَيْتِ المُكَرْكَبَ، وَأوانيَ المَطْبَخِ الواقِعَةَ عَلى الأرْضِ. لَمْ يَرَ أحَدًا مِنْ أَهْلِهِ... لا أحَدَ. شَرَعَ يَدُقُّ الزُّجاجَ بِقُوَّةٍ وَيُنادِي: يا أهْلي، يا أهْلي! أيْنَ أنْتُم؟ أنْقِذُوني! أَخْرِجُوني مِنْ تَحْتِ الأنْقاضِ!

لا مُجِيبَ... ضَاعَ أهْلُ الضَّادِ... ضَاعَ أهْلُ الضَّادِ!

بَكى الضَّادُ حَتى تَعِبَ مِنَ البُكاءِ، وَغَطَّ في نَوْمٍ عَمِيقٍ. اسْتيقَظَ بِصَوْتِ نَقْرٍ على الزُّجاجِ. اتَّسَعَتْ عَيْناهُ مِنْ شِدَّةِ الدَّهْشَةِ، وقالَ في نَفْسِهِ: يا لَها مِنْ حَمامَةٍ ناصِعَةِ البَياضِ! ثُمَّ قالَ لَها طارِقًا الزُّجاجَ: أنْقِذيني أيَّتُها الحَمامَةُ! أرْجُوكِ أنْقِذيني!

التفتَتِ الحَمامَةُ يَمينًا وَشِمالًا، ثُمَّ طارَتْ، وَعادَتْ وفي فَمِها صَخْرَةٌ. وَضَعَتْ جَناحَها عَلى رَأْسِها مُشيرَةً إلى الضَّادِ لِيَحْمِيَ رأسَهُ، ثُمَّ بَدَأَتْ تَنْقُرُ على الزُّجاجِ بالصَّخْرَةِ لِتَكْسِرَهُ. حاوَلَتْ جاهِدَةً، لَكِنَّ الزُّجاجَ لَمْ يَنْكَسِرْ. انْطَلَقَتْ وأحْضَرَتْ صَخْرَةً أكبَرَ قَليلًا وَأكْثَرَ صَلابَةً، وَنَظَرَتْ نَظْرَةً إلى الضَّادِ عَرَف مِنْها ما قَصَدَتْ، فَغَطَّى رَأْسَهُ بِيَدَيْهِ. وَبِضَرْبَةٍ واحِدَةٍ تَمَكَّنَتْ مِنْ كَسْرِ جُزْءٍ مِن الزُّجاجِ.

قَالَ الضَّادُ: شُكْرًا أَيَّتُها الحَمامَةُ، شُكْرًا شُكْرًا شُكْرًا. لا أُصَدِّقُ أَنَّنِي نَجَوْتُ!

عِنْدَها تَنَفَّسَ نَفَسًا عَميقًا، ثُمَّ سَأَلَها: لَكِنْ، كَيْفَ وَجَدْتِني؟

رَدَّتِ الحَمامَةُ: لا تَقْلَقْ، اصْعَدْ على جَناحِي أَوَّلاً لِأُخْرِجَكَ مِنْ هُنا، ثُمَّ سأُخْبِرُكَ بِسَبَبِ بَحْثي عَنْكَ.

صَعِدَ الضَّادُ على جَناحِها لِيَرْكَبَ ظَهْرَها، ثُمَّ سَأَلَها: أَحَقًّا أَنْتِ بَحَثْتِ عَنّي؟

أجابَتِ الحَمامَةُ: نَعَمْ، فَقَدْ رَأَيْتُ عَدَدًا مِن أَهْلِكَ في بِلادٍ بَعِيدةٍ، وَهُمْ أَخْبَروني أَنَّهُمْ لَمْ يَجِدُوكَ بَعْدَ نَجاتِهِمْ.

امْتَلأَتْ عَيْنا الضَّادِ بِالدُّموعِ، وَسَالَ شَيءٌ مِنْها. جفّفَها قائِلًا: لَمْ يَبْحَثوا عَنِّي بَحْثًا كافيًا. قَدْ كُنْتُ هُنا، تَحْتَ الأنْقاضِ. كانَ عَلَيْهِم أنْ يَبْحَثُوا أَكْثَرَ فَقَطْ.

تَعاطَفَتِ الحَمامَةُ مَعَ الضَّادِ وَواسَتْهُ قائِلَةً: صَدِّقْني كانُوا حُزَناءَ جِدًّا على فِراقِكَ، وطَلَبُوا مِنِّي أَنْ أَبْحَثَ عَنْكَ.

أَحَسَّ الضَّادُ بِالوَحْدَةِ وَالخَيْبَةِ تُجاهَ أَهْلِهِ الذينَ تَخَلَّوْا عَنْهُ، لَكِنَّهُ فِي الوَقْتِ ذاتِهِ مُشْتاقٌ إلَيهِمْ وَيُريدُ رُؤْيَتَهُمْ، وَيَدْري أَنَّهُمْ لَمْ يَتَعَمَّدُوا تَرْكَهُ.

قَالَ لِلْحَمامَةِ بَعْدَ دَقائِقَ مِنَ السُّكُوتِ: أَعيدِيني إلى أَهْلِي.

رَدَّتِ الحَمامَةُ: لَمْ نَجِدْهُمْ جَميعًا بَعْدُ. سَآخُذُكَ إلى مَنْ وَجَدْتُهُم مِنْهُمْ.

وانْطَلَقَتِ الحَمامَةُ بِأقْصى سُرْعَةٍ.
عَبَرَتِ البَراريَ، وَالصَّحاريَ، وَالتِّلالَ،
وَالوُدْيانَ، وَالجِبالَ، إلى أنْ وَصَلَتْ
إلى أَرْضِ الهِنْدِ. أَخَذَ الضّادُ نَفَسًا
عَميقًا، وَنَظَرَ إلى المَبنى الأخّاذِ
تَحْتَهُ. حَطَّتِ الحَمامَةُ رُوَيْدًا رُوَيْدًا
على بَلاطِ المَبْنَى.

سَألَ الضَّادُ: أيْنَ نَحْنُ؟ فَرَدَّتِ الحَمامَةُ: فِي بِلادِ الهِنْدِ، وَتَحْدِيدًا فَوْقَ مَبْنى (تاجْ مَحَلّ). رَأَيْتُ بَعْضًا مِنْ أَهْلِكَ هُنا.

بَيْنَما كانَ الضَّادُ يَنْزِلُ عَنْ ظَهْرِ الحَمامَةِ مُتَأَمِّلًا المَنْظَرَ الرَّائِعَ، كانَ يَقُولُ فِي نَفْسِهِ: كَمْ أُرِيدُ مَعْرِفَةَ المَزِيدِ عَنْ هَذا المَكانِ، وَلَكِنْ ما يَهُمُّني الآنَ هُوَ مَعْرِفَةُ كَيْفِيَّةِ وُصُولِهِمْ إلى هُنا، فَالمَسافَةُ بَعيدَةٌ جِدًّا.

ثُمَّ الْتَفَتَ عَلَى وَقْعِ أَقْدَامٍ كَثِيرَةٍ لِيَرَى مَوْقِعَهَا، فَإِذَا بِعَدَدٍ مِنْ أَهْلِهِ وَآخَرِينَ لا يَعْرِفُهُم يَتَقَدَّمُونَ نَحْوَهُ. تَذَكَّرَ عِنْدَها لَحْظَةَ الْيَقَظَةِ تَحْتَ الأَنْقاضِ، وَخَوْفَهُ مِنَ الوَحْدَةِ.

رَكَضَ نَحْوَ أَهْلِهِ وَدُموعُ الفَرَحِ تَسيلُ مِنْ عَيْنَيْهِ. حَضَنَهُمْ، وَأَرادَ أَنْ يَعْرِفَ كَيْفَ وَصَلُوا إِلى هُنا وَمَاذا حَدَثَ لَهُمْ بِالضَّبْطِ بَعْدَ العاصِفَةِ. فَقالَ لَهُ الباءُ: هَرَبْنا بَعْدَ العاصِفَةِ عِنْدَما لَمْ نَجِدِ الآخَرينَ، وَمَشَيْنا أَيّامًا وَلَيالِيَ حَتَّى وَصَلْنا إِلى هُنا.

وَجَدْنا صُوَرَنا جَمِيعًا بِخَطٍّ جَمِيلٍ على هَذا المَبْنى، وَعَرَفْنا أنَّنا في أَرْضِ الهِنْدِ. أَنْقَذَنا أَهْلُ الهِنْدِ وَأَحْسَنُوا ضِيافَتَنا، وَنَحْنُ لَهُمْ شاكِرُونَ. وَالآنَ عَلَيْنا الاسْتِعْجالُ وَإيجادُ بَقِيَّةِ أَفْرادِ عائِلَتِنا. لا بُدَّ أَنَّهُم في بِلادٍ أُخْرى يَنْتَظِرُونَنا لِنَجِدَهُمْ.

مَنَحَ أَهْلُ الهِنْدِ ثلاثَ حَماماتٍ لِلضَّادِ وَأَهْلِهِ. رافَقَهُم أَيْضًا اثْنانِ مِنْهُمْ لِمُساعَدَتِهِمْ في البَحْثِ.

انْطَلَقُوا ثانِيَةً في أَرْضِ اللهِ الوَاسِعَةِ، مُتَأَمِّلينَ الطَّبِيعَةَ الخَلاّبَةَ وَمُتَفائِلينَ بِما هُوَ آتٍ. كانَتِ الابْتِسامَةُ على وَجْهِ الضَّادِ كالمِرآةِ تَعكِسُ ما بِداخِلِهِ مِنْ سَعادَةٍ لِخُروجِهِ مِنَ الوَحْدَةِ التي كانَ يَشْعُرُ بِها.

طاروا حَتّى وَصَلُوا إلى أرْضِ الصِّينِ. حَطَّتِ الحَماماتُ على سُورِ الصِّينِ العَظِيمِ. عَبَّرَ الضَّادُ عَنْ إعْجابِهِ بِهذا السُّورِ العَظيمِ الذي لَمْ يَسْتَطِعْ رُؤْيَةَ أَوَّلِهِ أَوْ آخِرِهِ، وَأرادَ مَعْرِفَةَ المَزيدِ عَنْهُ، لَكِنَّهُ تَذَكَّرَ سَبَبَ وُجودِهِ هُنا فَقالَ: أَيْنَ أهْلي؟ مَنْ رآهُمْ هُنا؟

قَالَتْ إحْدى الحَماماتُ: سَمِعْنا مِنْ بَعْضِ الحَمامِ أَنَّ ضُيُوفًا جُدُدًا حَطُّوا على هَذا السُّورِ، وَنَظُنُّ أَنَّهُمْ أَهْلُكَ، لِذا نَرْجُو أَنْ نَجِدَهُمْ.

فَجْأَةً خَرَجَ حَارِسَانِ مِنْ حُرَّاسِ السُّورِ لِيَسْتَفْسِرُوا عَنْ سَبَبِ وُجُودِ هَؤُلَاءِ الغُرَبَاءِ هُنَا. وَعِنْدَمَا عَرَفُوا ذَلِكَ، أَخْبَرُوهُمْ بِوُجُودِ بَعْضِ الضُّيُوفِ عَلَى أَرْضِهِمْ، وَأَعْطَوْهُمُ العُنْوَانَ، فَشَكَرَهُمُ الضَّادُ وَأَهْلُهُ وَانْطَلَقُوا ثَانِيَةً.

حَلَّقُوا حَتَّى وَصَلُوا إلى أَحَدِ البُيُوتِ الصِّينِيَّةِ
التَّقْليدِيَّةِ. خَرَجَ ثَلاثَةٌ مِنْهُمْ مِنْ هذا البَيْتِ،
وَتَفاجَأَ الجَميعُ لِحَديثِهِمْ بِالعَرَبِيَّةِ! دَخَلَ أَحَدُهُمْ
لِيُنادِيَ أَهْلَ الضَّادِ، فَخَرَجُوا بِشَوْقٍ لِرُؤْيَةِ
أَحْبابِهِمْ، وَقابَلُوهُمْ بِالأَحْضانِ.

كانَ الضَّادُ أَكْثَرَهُمْ تَأَثُّرًا بِرُؤْيَةِ أَهْلِهِ، وَعَبَّرَ عَنْ اشْتِياقِهِ إِلَيْهِمْ، ثُمَّ سَأَلَهُمْ كَيْفَ وَصَلُوا إِلى هُنا وَماذا حَدَثَ لَهُم بِالضَّبْطِ بَعْدَ العَاصِفَةِ. فَقالَ لَهُ الرَّاءُ: هَرَبْنا بَعْدَ العاصِفَةِ عِنْدَما لَمْ نَجِدِ الآخَرِينَ، وَمَشَيْنا أَيَّامًا وَلَيالِيَ حَتَّى وَصَلْنا إِلى هُنا. أَنْقَذَنا أَهْلُ الصِّينِ وَأَحْسَنُوا ضِيافَتَنا، وَنَحْنُ لَهُمْ شاكِرُونَ. والآنَ أَخْبِروني، أَيْنَ البَقِيَّةُ؟

رَدَّ التَّاءُ: لَمْ نَجِدْهُمْ بَعْدُ.

فَتَساءَلَ الرَّاءُ: إِذًا، ماذا تَنْتَظِرونَ؟

هَيّا نَنْطَلِقْ لِنَجِدَهُمْ.

土
木
日

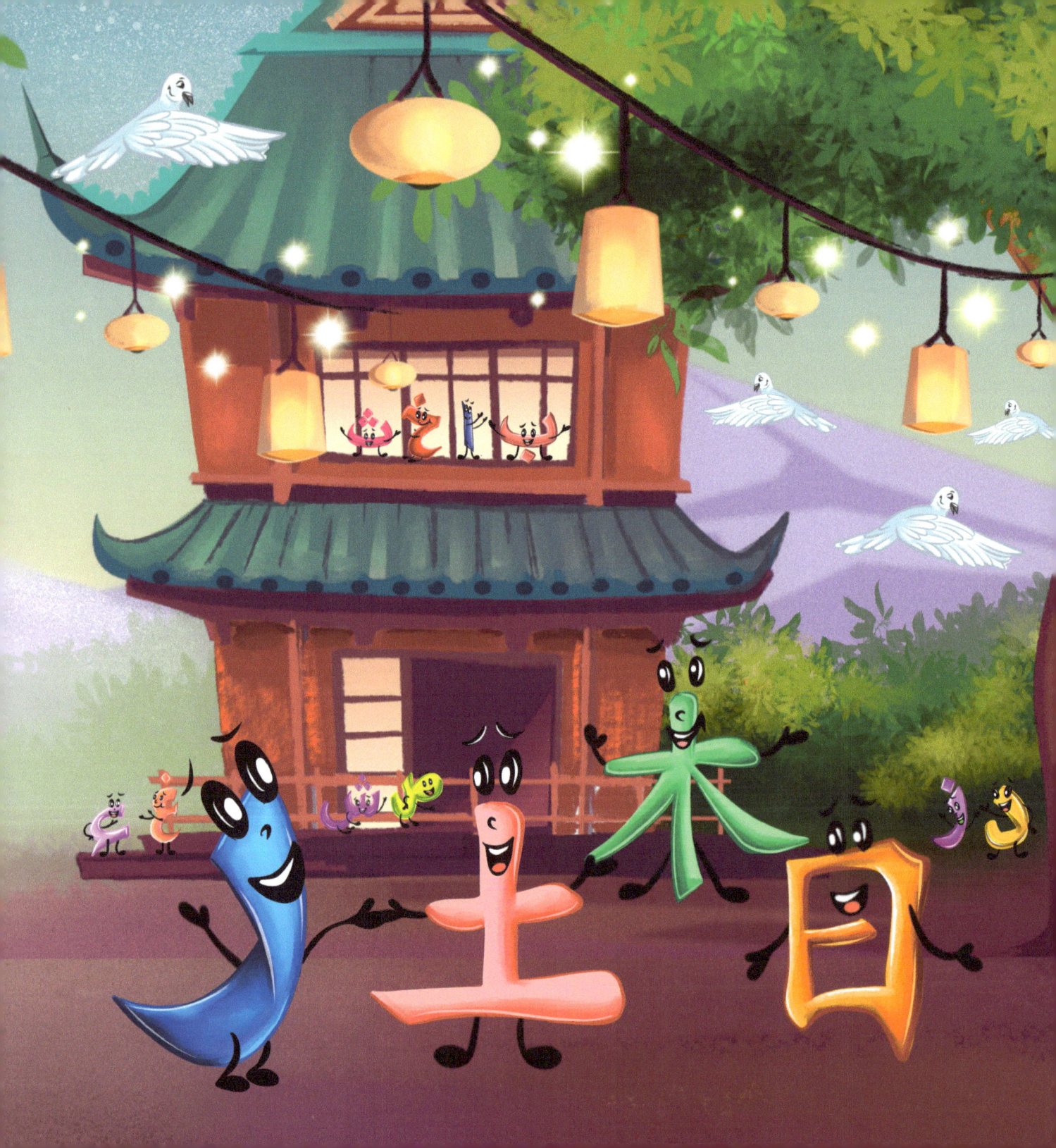

هُنا، أَمْسَكَ أَحَدُ المُضِيفينَ الثَّلاثَةِ يَدَ الرَّاءِ، وَقالَ: لا يُمْكِنُ أَنْ نَتَخَلَّى عَنْكُمْ بِهَذِهِ السُّهولَةِ. تَعَلَّقْنَا بِكُمْ وَلا نُريدُ أَنْ تَنْقَطِعَ صِلَتُنا بِكُمْ ثانِيَةً. سَنَنْضَمُّ إِلَيْكُمْ نَحْنُ الثَّلاثَةَ.

نَظَرَ الضَّادُ وَأَهْلُهُ بَعْضُهُمْ إلى بَعْضٍ،
وَقَالُوا: هَذا يُسْعِدُنا، فَلْتَأْتُوا مَعَنَا.

وانْضَمَّتْ إليهمْ حَمامتانِ مِنَ الصِّينِ مُنْطَلِقينَ جَميعًا بِفَرَحٍ. حَلَّقُوا في الآفاقِ وَقَطَعُوا المُحِيطَ الهادِيَ، وَلَمْ يَتَوانَوْا لَيْلَ نَهارَ عَنْ مَسيرِهِمْ، حَتَّى وَصَلُوا إلى أَرْضٍ جَدِيدةٍ عَرَفُوا لاحِقًا أَنَّها بِلادُ أَمْريكا.

طَارُوا عَلَيْها طَويـلًا دُونَ أَنْ يَجِـدُوا أَحَـدًا مِـنْ أَهْلِهِـمْ، لَكِنَّهُـمْ أَكْمَلُـوا المَسِـيرَ وَسَـأَلُوا عَنْهُـمْ كُلَّ مَـنْ رَأَوْا. قِيـلَ لَهُـمْ إنَّ عَـدَدًا مِـنْ الضُّيُـوفِ المُمَيَّزيـنَ وَصَلُـوا إلـى تِمْثـالِ الحُرِّيَّـةِ. فَأَكْمَـلُوا الطَّيَرانَ حَتّى وَصَلُوا إلَيْهِ.

فَجْأَةً صَرَخَ الضَّادُ: انْظُرُوا، انْظُرُوا!

نَظَرَ الجَمِيعُ إِلى الجِهَةِ التي أَشارَ إِلَيْها الضَّادُ، فَإِذا بَقِيَّةُ الحُرُوفِ يَمْشُونَ بِسَعادَةٍ وَتَبَخْتُرٍ مَعَ أَصْدِقائِهِمُ الجُدُدِ. هَبَطَتِ الحَماماتُ لِيَنْطَلِقَ الضَّادُ وَأَهْلُهُ لِأَخْذِ بَقِيَّتِهِمْ بِالأَحْضانِ وَالعَوْدَةِ إِلى أَرْضِ الوَطَنِ. وَعَبَّرَ كُلٌّ مِنْهُمْ عَنْ مَدى شَوْقِهِ إِلى الآخَرِ، وَسَأَلَهُمُ الضَّادُ: وَأَنْتُمْ كَيْفَ وَصَلْتُمْ إِلى هُنا؟ وَماذا حَدَثَ لَكُمْ بَعْدَ العاصِفَةِ؟

فَرَدَّ عَلَيْهِمُ الهاءُ: هَرَبْنا بَعْدَ العاصِفَةِ عِنْدَما لَمْ نَجِدِ الآخَرينَ، وَمَشَيْنا أَيّامًا وَلَيالِيَ حَتّى وَصَلْنا إلى هُنا. أَنْقَذَنا أَهْلُ أَمْريكا وَأَحْسَنُوا ضِيافَتَنا، وَنَحْنُ لَهُمْ شاكِرُونَ.

قالَ الضّادُ: وَنَحْنُ كَذلِكَ. وَالآنَ هَيّا بِنا.

فَسَأَلَهُ الهاءُ: إلى أَيْنَ؟

رَدَّ الضّادُ: إلى قَرْيَةِ فَصاحَةَ طَبْعًا.

نَظَرَ الهَاءُ وَمَنْ مَعَهُ في أَمْريكا بَعْضُهُمْ إلى بَعْضٍ، ثُمَّ تَراجَعُوا خُطْوَةً إلى الوَرَاءِ، قائِلِينَ: وَلَكِنَّنا مُرْتاحون هُنا، وَاعْتَدْنا حَياتَنا الجَديدَةَ.

وَضَعَ بَعْضُهُمْ يَدَهُ على قَلْبِهِ، وَمِنْهُمْ مَنْ وَضَعَها عَلى فَمِهِ الفاغِرِ مِنْ صَدْمَةِ ما سَمِعَ. تَقَدَّمَ الضَّادُ خُطْوَةً نَحْوَهُمْ قائِلًا: وَمَاذا عَنْ قَرْيَةِ فَصاحَةَ، قَرْيَتِنا؟!

رَدَّ الوَاوُ: أَنْتُمْ فِيها. فَأَيَّدَهُ اليَاءُ قائِلًا: هَذا صَحِيحٌ، وَسَتَعْتَنُونَ بِها، فَعَدَدُنا القَليلُ لَنْ يُؤَثِّرَ في شَيءٍ.

احْمَرَّ وَجْهُ الضَّادِ غَضَبًا، فَخاطَبَهُمْ قائِلًا: وُجُودُ كُلِّ فَرْدٍ مِنَّا مُهِمٌّ. أَلَمْ نَبْنِ قَرْيَتَنا مَعًا سابِقًا؟ والآنَ، سَنُعيدُ بِناءَها مَعًا. هَلْ تَدْرُونَ مدى القَلَقِ الذي شَعَرْتُ بِهِ خَشْيَةَ ألاَّ أَجِدَكُمْ؟ أَنا وَإِخْوَتُكُمْ وَقَرْيَةُ فَصاحَةَ بِحاجَةٍ إِلَيْكُمْ فَرْدًا فَرْدًا.

رَدَّ عَلَيْهِ أَحَدُ أَصْدِقاءِ الوَاوِ الجُدُدِ بِلُغَةٍ عَرَبِيَّةٍ غَيْرِ فَصِيحَةٍ: أَنْتُمْ كُنُوزٌ، وَنَحْنُ مَحْظوظونَ أَنَّ عَدَدًا مِنْكُمْ وَصَلَ إِلى أَرْضِنا، لِذا نُرِيدُ أَنْ تَبْقَوْا عِنْدَنا، وَسَنُعْطِيكُمْ ما تُرِيدُونَ مُقابِلَ أَنْ تُعَلِّمُونا لُغَتَكُمْ الفَرِيدَةَ.

اقْتَرَبَ مِنْهُ الضَّادُ قائِلًا: انْظُرْ إلى هَـؤلاءِ الأصْدِقاءِ الذينَ انْضَمُّوا إلـيْنا مِنْ بِلادِ الهِنْدِ وَالصِّينِ، إنهُمْ سَيَأْتونَ إلى قَرْيَـتِنا لِـيُساعِدُونا في إعـادَةِ إعْمارِها، فَلِمَ لا تَـفْعَلونَ مِثْلَهُمْ؟ فَدَائِمًا فِـي قَرْيَـةِ فَصاحَـةَ مُتَّسَـعٌ للضُّيُـوفِ، وَطَبْعًا لَكُمْ أَنْ تَتَعَلَّمُوا لُغَـتَنا.

فَكَّرَ قَليلًا وَنَظَـرَ إلـى جَماعَتِـهِ. هَـدَأ الجَمِيعُ وَمَعَهُـمُ الضَّادُ، وَبَـدَتْ عَلامـاتُ الرِّضـا علـى وُجُوهِهِـمْ. اقْتَـرَبَ بَعْضُهُمْ مِنَ الضَّادِ لِيَـنْضَمُّوا إليْهِمْ.

صَعِدَ الجَميعُ على ظُهورِ الحَماماتِ واحِدًا واحِدًا. في اللَّحْظَةِ التي رَفْرَفَتْ فيها الحَماماتُ بِأَجْنِحَتِهِنَّ وَارْتَـفَعَتْ عَنْ سَطْحِ الأَرْضِ، ألقَى الهَاءُ بِنَفْسِهِ عَلى الأَرْضِ، وَرَكَضَ مُبْتَعِدًا قائِلًا: لا أُريـدُ المَجِـيءَ، لا أَسْتَطِيعُ المَجـيءَ الآنَ، لَسْتُ مُسْتَعِدًّا لِذلِكَ.

شَهِقَ الضَّادُ مَصْدُومًا، ثُمَّ هَتَـفَ قائِلًا بَعْدَ أنْ عَلَتِ الحَماماتُ: سَنَنْتَظِرُكَ، أَنا مُتَأَكِّدٌ مِنْ أنَّكَ سَتَعُودُ.

وَطارُوا بَعيدًا عَنْ أنْظارِ الهَاءِ وَصَديقِهِ.

عِـنْدَما وَصَلُوا إلـى قَرْيَـةِ فَصاحـةَ، بَـدَأَتْ
أعْمالُ إعادَةِ الإعْمارِ والإصْلاحِ فَوْرًا.

لَمْ يَتَوانَ أحَدٌ عَنِ المُساعَدَةِ، فَكانَ الأصْدِقاءُ مِنْ البُلْدانِ الأُخْرى
يَعْمَلونَ جَنْبًا إلى جَنْبٍ مَعَ أَهْلِ القَرْيَةِ أيَّامًا مُتَتاليةً.

وَبَعْدَ كَدٍّ وَجَهْدٍ، عَادَتْ قَرْيَةُ
فَصاحَةَ إلى ما كانَتْ عَلَيْهِ
أَخيرًا، بَلْ أجْمَلَ مِمّا سَبَقَ.

احْتَفَلَ الجَميعُ بِهَذهِ المُناسَبَةِ بِقَضاءِ يَوْمٍ مُمْتِعٍ في الطَّبيعَةِ. وَبَيْنَما هُمْ يَحْتَفِلونَ، لَمَحُوا حَمامَةً كَبيرَةً قادِمَةً مِنْ بَعيدٍ، على ظَهْرِها الهَاءُ وَصَديقُهُ، وَفي فَمِها غُصْنُ زَيْتونٍ.